Margrit Staub-Hadorn
Zum letschte Mau

Margrit Staub-Hadorn
Zum letschte Mau
Gschichte u Gedankefötzeli
Cosmos Verlag

Alle Rechte vorbehalten
© 2007 by Cosmos Verlag, CH-3074 Muri bei Bern
Lektorat: Roland Schärer
Umschlagbild: Urs Flury, Aetingen
Satz und Druck: Schlaefli & Maurer AG, Interlaken
Einband: Schumacher AG, Schmitten
ISBN 978-3-305-00313-6

www.cosmosverlag.ch

Aafäng

Aafäng
muess me näh
u wöue mache.
Für Griesgräm
isch am dritte Jäner
wider aus bim Aute.

Es geit obsi

O wär nie mögt
e Bärg uuf piischte,
fingt, es göngi obsi,
we d Tage länge.
Der Sisiphus het
mit sim Chnorze
üser Sprach
ke Süüfzger hingerla.

Schneeglöggli

Mir fröie üs scho,
we si chöme,
stuune hingäge
müesse mir nid,
si blüeje ja
geng um die Zit.
Scho no verruckt,
dass Wunder
für eim so normau si.

E Fade spinne

Vor paar Jahrzähnt ha ni öppis erläbt, wo hüt exotisch tönt: Mir, es paar Lüt vom Schwizer Färnseh, si aus Referänte im ne abglägene Bärgdorf z Gascht gsii, wo ersch sit churzer Zit het Färnsehempfang gha u a däm Tag der derfür nötig Umsetzer isch iigweit worde. Di ganzi Dorfbevöukerig isch im Töifschnee rund um di Antenne gstange, u der Ortspfarrer het se fiirlich iigsägnet. Nächär isch me zäme i Gmeindsaau. Im Aaschluss a üsi Vorträg si mir für Frage zur Verfüegig gstange. Gmäudet het sich aber nume der Pfarrer. Er fing's bedänklich, het er gseit, wi ds Färnseh Sändige machi. Da diskutieri zum Bispiu e Gsprächsrundi über nes Thema, me ghör e Stung lang di verschidenschte Meinige, u am Schluss stöng niemer häre u sägi, was jitz ds Richtige sig, u so göng das nid, me müess de Lüt doch säge, wi si's müesse gseh u mache. Kes einzigs vo sine Schäfli het widersproche, aui hei offesichtlich ihrem Hirt stiuschwigend Rächt gä.

Zum Glück si di Zite verbii. We's geng no so wär u we o d Büecherläser würde erwarte, dass d Outore ne sägi, was Sach isch, de hätt i äuä nie Gschichte gschribe, o keni Täggschte für d Radiorubrik Zum neuen Tag. Wär schribt, muess so chönne Gedanke u Frage witergä wi im Lied vom Bob Dylan: Blowing in the Wind. Schribe heisst für mi, e Fade spinne u hoffe, er wärd ufgno u witergspunne, alleini spinne fänd i sinnlos.

Heiters Wätter

Scho we ds Jahr chuum aagfange het, git es mängisch erschti strahlendi u warmi Tage mit chnütschblauem Himu. Uf die ha ni früecher planget.

Hüt ha ni lieber heiters Wätter. D Meteorologe definiere e Tag aus heiter, we der Himu zu zwänzg Prozänt bewöukt isch. Heiter isch scho häu, aber äbe sanft. E Petroulampe git heiter, e Neonröhre nid. Es ghöre für mi bsungeri Biuder u Gfüeu zum Wort «heiter». I finge's tröschtlich, we's nach ere schlaflose Nacht langsam aafat heitere. Es wermt u tuet woou, we es mitfüelends Wort eim e schwarze Tag ufheiteret.

I gniesse heiters Wätter, tröime zum Fänschter uus i d Wouke u dänke nümme, wi aube, es sig schad für jede Tag, wo me nid chönn dusse höckle oder umegumpe. Das het natürlich scho dermit z tüe, dass i ds Sünnele u d Hitz nümme guet ma verlide. Aber Autwärde heisst wägedäm gliich nid nume, dass me das u dises nümme ma, es heisst o, dass me das u dises ersch jitz cha. I entdecke emu geng meh der Wärt vo däm, wo nid strahlend isch, sondern heiter. Heiter isch gnädig. We's heiteret, erwachet hüüfig o d Hoffnig.

Jänerloch

We me scho
am Aafang
usechäm
mit däm,
wo inechunnt,
wär ds Jänerloch
es Grücht
wi ds Nessi
vo Loch Ness.

We d Iiszäpfe tropfe

Me ma geng minger,
gnürzet ständig,
nüt meh sig wi aube,
u plötzlich isch's verbii,
d Iiszäpfe tropfe,
erschti Sunnewermi
uf der aute Hut,
u aus geit wider ringer.

Februar

Februar,
es tuet sich öppis.
No ke Schwaube,
wo ke Summer macht,
aber d Amsle üebe scho,
u i de Läde mingeret
der Ramsch zum haube Priis.

Nume mir

D Wäut sig
us de Fuege,
heisst es.
Derbii louft
aues rund.
D Stare
si o wider da.
D Wäut wär
scho ir Ornig,
us em Gleis
si nume mir.

Für teu

Für teu
bewürke
d Hasuzöttle
nüt aus Vorfröid
uf e Früelig.
Für angeri
si si e Grund
zum zwüschem
Niesse z süüfzge.

Perschpektiive

We's di düecht,
me lueg dir nache,
chasch di frage,
ob du äch es Loch
im Strumpf heigsch,
oder chasch dir säge,
heigisch äuä gfaue.
So Perschpektiive
cha me säuber wähle.

Der Einstein u d Chnöschpeli

Im Physikjahr 2005 isch im Früelig bsungers viu vom Einstein d Red gsii, wiu der 14. März si Geburtstag isch u wiu si Relativitätstheorii isch hunderti worde. I aune Medie isch über Einsteins Läbe u Würke brichtet worde, aber o sini markante Sprüch hei wider einisch d Rundi gmacht. Bim Läse vo so berüemte Sätz isch mir d Begägnig mit em ne schwär behinderte Ma z Thun am Aareufer z Sinn cho, wo mit sim Roustueu vor em ne no winterlääre Gebüsch gstange isch. Dä Ma het e Zweig zu sich häre zoge gha u di no winzigchliine Chnöschpeli aagstuunet. Ganz stiu u versunke. Derzue si nihm Träne über ds Gsicht glöffe, Fröideträne. Bi däm Aablick het's mi denn düecht, i begriifi öppis, aber i ha nid so rächt gwüsst was, i hätt's emu nid chönne erkläre. Drum isch mir das Erläbnis bim Zitigläse wider z Sinn cho, es isch mir plötzlich klar worde, was mir denn ufgange isch, ohni dass i's hätt chönne formuliere, aber der Einstein het das äbe chönne: Die wichtigen Dinge werden anders gelernt als durch Worte.

Uf e März isch Verlass

Nach wit über sächzg Märze düecht es mi, es sig nie eine gliich gsii wi der anger. Aber das ligt äuä o a mir. Aus Ching isch dä Monet für mi weder Fisch no Vogu gsii, i hätt no lenger wöue schlittle, u we d Iiszäpfe de hei aafa tropfe, ha ni schier nid möge gwarte, bis d Badi ufgeit.

Aus jungi Frou het März für mi romantisch tönt, u i bi vou Gedicht u Sehnsücht gsii.

So ir Mitti vo mim bishärige Läbe hei mi vor auem di erschte Chnoschpe u Blüete u ds Gartechräbelifieber erhudlet. Liebeslieder natürlich o geng no.

Um di füfzge ha ni im März melancholisch dänkt: Jitz isch de glii fertig luschtig, im Auter chasch de nume no wehmüetig zrüggluege.

Aber i ha denn lätz goraklet. Zrüggluege stimmt zwar, aber wehmüetig nume mängisch. U i luege nid nume zrügg, sondern gliichzitig o graduus, uf tuusig Chliinigkeite, wo ni früecher gar nid gseh ha. Uf e März isch äbe Verlass, ir Natur faat aues nöi a, u zur Natur ghöre ni u mini Ouge schliesslich o. Mir si ja nid nume ir Stüürerklärig natürliche Personen.

Passier, was wöu

We d Näbusuppe
wi vo Zouberhang
zum Schleier wird
u i der Morgesunne
us däm Sidehuuch
ds uraute Gsicht
vom junge Früelig
aafat düreschiine,
de gspüre ni,
passier, was wöu,
's chunnt guet.

Wäutbewegend

Trotz üsem Chriege,
Machtgehabe,
d Wäut Vernetze
u druf Umetrample
länge d Tage wider,
d Vögu näschte,
ds Gras wird grüen.
So wäutbewegend,
wi mir öppe meine,
si mir öppe nid.

Gier

Gier
bringt eim
scho vorwärts,
aber säute witer.

Politiker

Vor de Wahle
luter nätti,
putzt u gsträäuti
Chöpf ir Zitig.
's isch nid ds Gliiche
wi bi Miss
u Mischter Schweiz,
u gliichwoou
geit's em einte
u der angere
haut äuä gliich
um ds Gliiche.

Heiterkeit

Ds letschte Ässe für mi Vatter, zwe Tag vor sim Tod, isch meh symbolisch gsii, mir hei beidi gwüsst, dass er nüt meh abebringt. I ha nihm uf em schönschte Sunntigstäuer ganz weichi Ravioli serviert u derzue e grosse Wii ufta. Der Vatter het mit der Gable chli uf e Teig drückt u truurig gseit, genau so heig er se geng gärn gha. Nächär het er am Wii gschmöckt, ds Glas wider abgsteut, mi aaglächlet u gseit: Dä merke mir üs!

Das chunnt mir geng u geng wider z Sinn. Wahrschiinlich, wiu i se i däm Momänt gspürt ha wi säute, di Heiterkeit, wo mi Vatter uszeichnet het. I wett o uf die Art chönne aut wärde u de so abträtte. Di chliini Szene isch für mi eine vo de Schlüssle zur Heiterkeit. Heiterkeit isch nid Überspile, isch nid luschtig, nid Fröhlichkeit. Si isch liiser, chunnt vo witer inne. I gloube, si wachst us der Truurigkeit, us der Melancholii, us em chönne Loslaa. Aber ganz vo säuber wachst si äuä nid. Das Pflänzli bruucht Pfleg. I wünsche üs aune e grüene Duume!

Ds angere Lächle

Aus Ching ha ni mängisch Fiumstarbiuder us der Illuschtrierte ir Mitti vor Nase abenang gschnitte u bi mit dene zwe Teile zur Mueter: Gsehsch, ds Muu u d Ouge vo däm Gsicht säge nid ds Gliiche, ds Muu lächlet, aber d Ouge nid! Warum lächle di Grosse mängisch so verloge?
    Aber i ha de natürlich mit der Zit scho gspürt, dass es o mir wöhler isch bi Lüt, wo mi fründlich aalächle, aus bi dene mit de Suurnible. I ha o gmerkt, dass i gschider bewusst mit em ne Lächle uf angeri zuega, we se gärn ha oder we ni öppis vo ne wett. Denn aus Ching ha ni ds angere Lächle gmeint u vermisst uf dene Biuder, das wo me mit em beschte Wiue nid cha ufsetze, scho gar nid für ne Foto, das, wo eim ganz vo säuber i ds Gsicht gumpet, ob me wott oder nid, u eim d Mulegge obsi striichlet u Liechtli i d Ouge zouberet. Mängisch funklet's uf em ne Bänkli us em ne aute Gsicht, oder es glänzt im ne junge zmitts im Grossstadtgstungg. We me nihm begägnet, däm Lächle, tuet es eim woou bis wit ine u begleitet eim stungelang. Es cha eim jede Tag so nes Gsicht vor d Ouge cho, aber me gseht's natürlich nume, we me luegt.

Ds wahre Gsicht

Der Metaphere
vom wahre Gsicht
entspricht mis Gsicht,
o ohni Schminki, säute.
I gseh, wär luegt,
u lege schnäu eis aa,
wo sich guet macht.
Am gäbigschte
isch das, wo lächlet,
das passt fasch geng.

Gwunger

Aus Gööfli
näh mir
aus i ds Muu
u aus vonang.
We üs dä Gwunger
de vergeit,
isch üsi Zit verbii.

Frag

Luege Mönscheaffe
hinger Tierparkgitter
mängisch däwä truurig,
wiu si use wette?
Oder deprimiert se,
we si Mönsche gseh,
ds Fazit vor Evolution?

Nüt z wöue

Solang du bisch,
blibsch, wär du bisch,
o we nid wettsch.
Wi du grad bisch,
blibsch aber nid,
o nid, we wettsch.

Nume

Di gläbti Stung
isch scho Vergangeheit,
u d Stunge, wo no chöme,
hei mir no nid gläbt.
Läbe tüe mir nume
im Momäntli
zwüsche Gsii u Wärde
u merke's mängisch chuum.

Zitgeischt

Dä u die
i üser Neechi
bruuchti eim,
u das u äis
i üser Neechi
fröiti eim,
aber nüt isch,
nid verwiile!
Füreluege
heisst d Parole
u nid Umeluege.

Ir goudige Mitti

E miude Früeligsräge isch öppemau wi ne aagnähmi Dusche. Aber o we mir e sanfte Wind vou Blüeteduft um ds Gsicht striicht, stoosssüfzgerle ni mängisch, so sött es geng sii! Zum Glück geit dä Wunsch nid i Erfüuig. Was für ne Wooutat d Sunne am ne Früeligsmorge isch, merke ni schliesslich nume, wiu i weiss, wi unerbittlich si o uf mi cha abebrägle. U so nes fiins Rägeli cha ni nume gniesse, wiu i weiss, wi der Räge cha abebrätsche. Frühling lässt sein blaues Band wieder flattern durch die Lüfte, dä wunderschön Gedichtaafang wär em Mörike chuum z Sinn cho, we ner di grimmigi Biise oder d Föhnstürm nid kennt hätt. We's geng gmässiget, sanft wär, würd me ds Aagnähme vo däm Zuestang gar nümme merke. Es isch wi mit auem im Läbe, ohni Höheflüg u Tiefschleg, ohni Wächsle zwüsche himmelhoch jauchzend u zu Tode betrübt wär aues mittumässig u mit der Zit längwilig. Ir goudige Mitti isch es nume schön, we me se geng wider cha u muess sueche u öppeneinisch fingt. Oder gschänkt überchunnt. Wi ne miude Früeligsmorge.

Früeligsputzete

Erschti herrlichi Früeligstage, u scho packt's Tuusigi, d Früeligsputzete wird i Aagriff gno. Dadergäge bi ni bis jitz immun gsii. I ha gfunge, was früecher no sinnvou sig gsii, sig mit de hütige Wonigsiirichtige u Putzgrät lengschtens überflüssig worde. We angeri am ne prächtige Früeligstag Bettzüüg u Teppiche usegschleipft hei u i Schäftli u Schublade verbisse gäge unsichtbari Milbe gwüetet worde isch, ha ni der Chopf gschüttlet u bi lieber ga spaziere. Aber jitz isch es passiert. I ha nämlich im ne Zitigsartiku gläse, d Früeligsputzete sig weder nötig no überflüssig, aber si sig absolut real, si heig ihri Wurzle im Bruetpfleg- u Näschtbouinschtinkt, si sig es gheimnisvous Ritual, wo zwüsche Inschtinkt u Kultus pändli, zwüsche Über-Ich u Stammhirni. Jä, hoppla, i cha mi doch nid lenger über mis Über-Ich u mis Stammhirni ewägsetze! Frou Stoub, fertig mit nume Stoubsuge u Abstoube, ab sofort heisst es im März: Früeligsputzete!

Söusch warte

Söusch warte
mit de grosse Gümp
u höche Sprüng,
sigsch jung
u heigsch
no lang derwiiu.
Die, wo das säge,
wei nid wahrha,
dass me das nid weiss.
Drum gump u spring!

Nid jitz

Nid jitz,
jitz nid,
no nid grad jitz!
Nume chliini Ching
chöi nüt aafa
mit morn u später.
Si lehre aber schnäu.

Enang verstah

Enang verstah
heisst nid,
sich gliichlig
ergere u fröie.
Für sich z verstah,
muess me verstah,
dass angeri
ganz angersch si
u's angersch gseh.

Ds aute Öpfuböimli

Es het mir leid ta,
ds aute Öpfuböimli,
so schitter isch es gsii.
Aber du het's,
wi nes Brütli,
Bluescht aagleit,
u i ha aut usgseh
mit mim Erbarme.

Nid ds Gliiche

Me cha scho warte,
bis me gsteut wird,
anstatt härestah.
Aber äbe,
säuber härestah
u plötzlich dastah
si nid ds Gliiche.

Wi scho geng

Es blüeit
u schmöckt
u zwitscheret
u näschtet,
u aus faat,
wi scho geng,
vo vorne aa.
U gliich
heisst's geng,
nüt sigi meh
wi aube.

Jitz isch aber Fride, süsch chlepft's!

Früecher hei Vättere oder Lehrer ds Zangge vo de Ching öppemau beändet mit: Jitz isch aber Fride, süsch chlepft's! Mit Gwaut Fride mache, das widersprüchliche Rezäpt giut nume no ir grosse Politik, ir Schueu u ir Familie isch es verbotte. Aber besser isch es leider gliich nid worde. Schier täglich list u ghört me vo Gwauttate vo Jugendliche. Handgriiflichi Machtspili, Schlegereie unger Haubwüchsige, das het es scho geng gä, hingäge Gwaut gäge Erwachseni, gäge d Lehrer, gäge auti Lüt, das isch nöi, das wär früecher undänkbar gsii. Üse Klasselehrer het üs vor der Ufnahmeprüefig i d Mittuschueu no grate, mir söue üs d Prüefer eifach im Nachthemmli vorsteue, we mir Angscht heige vor ne. Vermuetlich würde hütigi Jungi ab däm Tipp unglöibig der Chopf schüttle, aber vor em ne haube Jahrhundert isch er tatsächlich e Hiuf gsii. U gliich weiss i nid, warum mir dennzumau vor Lehrer u Lehrmeischter, vor de Erwachsene generell, so ne Reschpäkt hei gha, Chläpfe oder Verprügle si denn nämlich scho nümme ar Tagesornig gsii. Verbotte auerdings nid. Ob es äch das isch, di fählende gfährliche Gränze im Umgang mit üs Erwachsene? Das, wo di Junge vilech geng no bruuche u nume no bi hausbrächerische Sporttrips finge?

Früeligslieder

Amsel, Drossel, Fink u Star si wider da. Herrlich, wi's wider zwitscheret, singt, jubiliert, ds Härz wird eim warm derbii. Natürlich nume, wiu mir der Täggscht nid verstö, di Vögu singe ja überhoupt nid fröhlichi Liebeslieder, das si Drohrüef. Si kämpfe im Früelig um ds Revier, verteidige ihres Näscht u süsch gar nüt. Es het haut mängisch e Nase mit der Sprach. Da chöi eim unger Umständ es paar Südländer schier Angscht mache, wo enang aaschreie u derzue liideschaftlich mit de Arme fuchtle, u de seit öpper, wo ihri Sprach versteit, di heige absolut ke Krach, di verzeui enang begeischtert ihri Ferieerläbnis. C'est le son qui fait la musique, säge mir. Wiu mer's so wei ha, obschon mer's mängisch besser wüsste. I weigere mi uf jede Fau standhaft, am ne schöne Märzemorge ds Fänschter zuezschletze u z hässele: Jitz zangge di chrotte Vögu scho wider! I tröime unverbesserlich u überzügt i ds Blaue use u fröie mi a ihrne wunderschöne Früeligslieder.

Vogulärme

Kari seit zu Käti,
sis dumme Schwärme
wäg däm Vogulärme
närv ne,
mit Romantik
heig das nüt z tüe,
das sig Kampfgschrei.
Käti seit zu Kari,
we sis Klöön u Gschrei
o däwä schön würd töne,
würd's vo ihm o schwärme.

Diogenes

Es heig emau
e wüeschte Kärli
ir Arena gsunge,
lut u fautsch,
u aui heige pfiffe,
nume der Diogenes
heig approudiert
u gseit, solang
so strubi Hagle
Sänger wärdi
u nid Röiber,
sigi d Sach ir Ornig,
u de sig er zfride
wider hei i ds Fass.

Sich vergässe

Bi der Schönheit
vom ne Sunneufgang
nume schwümme
i de eigne Gfüeu
längt beschtefaus
für z schwärme.
Für chönne z flüge
muess me sich vergässe
u i ds Biud la gheie.

Beides

Unändlich längi
glitzerigi Fäde
umspinne d Wäut
im Morgeliecht.
Ändlichkeit
umspiut der Horizont
im Abeschiin.
Bim richtig Häreluege
isch beides schön.

E Lehrblätz

Wörtlich
isch e Lehrblätz
es Stückli Stoff
zum lehre nääie.
Biudlich
isch e Lehrblätz
Glehrts probiere.
E Blätz ab
vom ne Fääutritt
isch e Wunde
u ke Lehrblätz,
sötti's aber sii.

Für aui

Chli Poesii für nüt,
chli Schönheit
ohni Zwäck –
die Art vo Luxus
wär für aui z ha.

Der Himu

Der Himu isch für mi aus Pfüderi zwar gheimnisvou gsii, aber gliich e klare Fau, ds Gebättli, Lieber Gott, mach mich fromm, damit ich in den Himmel komm, ha ni wörtlich gno u mir höch über üs es Paradiis vorgsteut, e wunderbare Ort, wo's geng Summer isch u aui spile u singe zäme. Hütigi Ching täte sich mit so Vorstelige äuä schwär, aber vor sächzg Jahr isch das eifach gsii, me het chönne i ds unändliche Himuszäut mit de Stärne stuune u het no nüt gwüsst vo Mondlandig, vo Ruumfahrt u Fotone vom Mars.

Symbolisch isch der Himu auerdings für mi o hüt no e gheimnisvoui Zueversicht. Sogar, we ni vo himmlische Kläng oder Grüch schwärme, het das gfüeusmässig mit Überirdischem z tüe. I gspüre o vo Zit zu Zit, dass es meh git zwüsche Himu u Ärde, aus i cha begriife.

Es trätte zwar jedes Jahr um di driissgtuusig Persone us üsne Landeschiuche uus, aber mit em Himu het das gloub nüt z tüe. Dä Himu, wo für üs mängisch öppis wi ne Hoffnig isch, passt eifach nümme rächt zum Himu i teu biblische Gschichte oder ihrer Uslegig. Mi stört das auerdings nid, mir geit es mit em Himu wi mit de Ängle: I gloube nid a Ängle, aber i liebe se.

Gedächtnis

I weiss no, a weune schöne Plätzli i aus Ching öppe ghöcklet bi, was eim i Urgrosmueters Stube für Gschmäckli si i d Nase gstoche oder wi's tönt het, we der Vatter der Ofe iigfüüret het, aber i ha gliich es himutruurigs Gedächtnis. We im ne Färnsehquiz angeri wi am Schnüerli Zahle u Fakte usespicke, vergisse ni bim Zuelose mängisch schier ds Muu offe. Ungloublich, was teu aues im Chopf hei, Houptstädt, Flusslengine, Bärghöchine u d Jahrzahle vo uraute Schlachte. Mir blibt settigs eifach nid hafte. I bi mir derwäge mängisch chli blöd vorcho, bis i im Einsteinjahr 2005 i eim vo de vile Zitigsartikle uf d Antwort gstosse bi, wo der Einstein uf d Frag söu gä ha, wi schnäu d Liechtgschwindigkeit sig. Das wüss är nid, heig er gseit, er beschwäri sich ds Gedächtnis nid mit Sache, wo ner jederzit im Lexikon fingi. Eh, isch das e Ufsteuer gsii! Was däm gschide Huus isch rächt gsii, isch mir künftig glattewäg biuig. U faus mir o dä Summer wider schier aues dür ds Löchersibli sött gheie ussert schöne Plätzli, bsungere Biuder, Grüch u Grüüsch, de fröit mi de das, statt dass mi derwäge wirde schiniere, das si nämlich würklich genau di Sache, wo me äbe nid im Lexikon fingt.

Tuusig Tön

Jede Summer
stuune ni
vo nöiem
ab der Musig
vo sim Grüen.
Dass di Farb
cha tuusig Tön ha,
isch u blibt für mi
es Wunder.
Das vom Läbe.

Ds Wätter

Es wird nid chüeler
ab em Gjammer
über d Hitz.
Chlööne
darf me gliich.
Derzue verpflichtet
isch me aber nid.
Ganz allei
cha ds Wätter
nid bestimme,
wi's üs mit ihm geit.

Turmbou zu Babel

Geng wider
wei mir üs e Name mache
mit em Bou vom Turm zu Babel,
aus Symbol für üsi Macht.
U geng wider bricht er zäme,
aus Symbol für üsi Ohnmacht.
U de sueche mir für ne Momänt
nach der verlorene gmeinsame Sprach,
aus Symbol für üsi Hoffnig.

Aasteckend

We ne ganzi Rundi
gigelet u pruuschtet,
steckt das eim aa,
u me muess schmunzle,
ohni z wüsse,
was es z lache git.
Leider isch's
bi Aggressione gliich.

Mir wei nid grüble

Mit sibezähni ha ni mi säuber aus Durchschnittsmodi gseh, aus chli ghemmti Landpomeranze. Jedi vo mine Mitschülerinne z Thun im Semi het mi hübscher düecht, attraktiiver, intressanter. U da schribt mir doch nach der letschte Klassezämekunft eini vo dene, i sig u blib eifach, was i scho vor füfzg Jahr für di ganzi Klass gsii sig, ihre Paradiisvogu.

Ähnlich cha's eim ga mit em ne Bibeli uf der Nase. We me's im Spiegu entdeckt, gseht me nid sis Gsicht, sondern nume e entsteute Zingge. Aber we me bir Fründin derwäge jammeret, seit die, für das Büggeli z gseh, bruuchti si e Lupe.

Es isch o im Grössere so. Vilech het ds Käti, wo eim es Usglichnigs düecht, für sis eigete Gfüeu ds gröschte Gnuusch im Fadechörbli. U der für üs griesgrämig Hans het vilech e Mordsfröid am Läbe. Mir hei nie di gliichligi Perschpektiive, schliesslich cha niemer für öpper angersch ds Gliiche sii wi für sich säuber. Drum isch es o mit em Gärnha mängisch chli troges, es cha guet sii, dass mir üs vom anger es Biud mache u das gärn hei statt ihn. Oder dass angeri üs wäg däm gärn hei, wo si a üs meine z gseh oder z gspüre. Aber mir wei nid grüble. Schöner u besser gseh z wärde aus me sich säuber füeut, tuet ja nid weh. Emu mir tuet es sogar hingerdrii woou, dass für angeri di durchschnittlichi Landpomeranze vo dennzumau isch e Paradiisvogu gsii.

We's schiefgeit

Wär sich scho im Morgegraue fragt, was äch der Tag dür wider aues wärdi schiefga, muess ke notorische Pessimischt sii, schliesslich louft aupott öppis nid so, wi me's het gmeint oder wöue. Bim Sünnele het me mängisch schnäuer der Brönner aus gnue vo der Sunne. Oder ds planete Grilliere cha eim buechstäblich i ds Wasser gheie. U chürzlich ha ni vo öpperem ghört, mit der Verhüetig sig öppis schiefgange, es gäb jitz gliich nomau es Ching.

Me muess auerdings o ke notorische Optimischt sii, we me statt z kassanderle fingt, Schiefga sig relatiiv. Me dänki nume a Pisa, wo am 9. Ougschte 1173 der Grundstei isch gleit worde für ne Gloggeturm, e poutzgrade natürlich, u das isch bekanntlich o gründlich schiefgange. Aber äbe, dä schief Turm isch wäutberüemt u zum Glücksfau für Pisa worde. Nid dass i jitz wett bhoupte, Räge vertribi eim unweigerlich a nes Schärmeplätzli, wo me de ds Glück für ds Läbe fingi, u es Ching, wo sis Läbe der schiefgangene Verhüetig verdanki, wärdi es Genie. Aber müglich isch settigs äbe gliich. Genau so guet wi d Gschicht vom Schiefe Turm vo Pisa.

Wöue

Kobi seit zu Kari,
ihm fääu's am Wiue,
er sött sis Gnuusch
im Fadechörbli
verwärche, nid ersöife.
Kari seit zu Kobi,
da sig nüt z wöue,
Wiue chöm vo Wöue,
u är wöu äbe nid.

Neechi

Sich naach sii
wird kritisch,
we me sich
z naach chunnt.
Reschpäkt
bruucht chli Platz,
chli Zwüscheruum.
Ohni Reschpäkt
nimmt eim Neechi
der Schnuuf.

Z mächtig

Wi viu Galeere si äch
früecher ungergange,
wiu de Gschundne
a de Rueder
di Mächtige
si z mächtig worde
u si lieber mit ne zäme
zgrund si gange?
U wi viu Ungerdrückti
chöme hüt u morn äch
us em gliiche Grund
zum gliiche Schluss?

Eigenartig

Eigenartig, dass mir säge,
stang nid wi ne Öugötz da,
wo üs doch settig Götter,
gmale, ghoue oder gstoche,
verdächtig si u frömd.
Wi chunnt dä Öugötz
emu o i üse Wärchtig?

Genau wi du

We's dir schlächt geit,
rede si vo dene,
wo's ne schlächter geit.
Was du weisch u seisch,
das hei si, wi si säge,
geng scho gwüsst u gseit.
La dir dessetwäge
d Flügu nid la stutze,
genau wi du isch niemer.

Zfride sii

Zfride sii
mit däm, wo isch,
u mit sich säuber
zfride sii
isch nume gsünger,
besser isch es nid.

Summeräbe

D Berta het lieber vo früecher gredt aus vom Autag im Autersheim. Richtig verzeut het si zwar nie, es si meh so Sätz cho wi: D Summeräbe si aube schön gsii, das zäme dusse Höckle u Singe het mir gfaue. Meh het si derzue nid gseit, aber ihri Ouge hei glüüchtet. I säuber bi zur Zit vo dene Bsüech no jung gsii u ha mi gfragt, warum d Berta äch nie vo Spektakulärerem redi, i ha nämlich gwüsst, dass si früecher viu erläbt het, o Ussergwöhnlichs. Aber nach Abetüürlichem oder nach Liebesgschichte frage het nüt gnützt, d Berta isch geng hantli wider bi dene Summeräbe glandet, wo ussert Singe nüt passiert isch. Jitz, wo ni säuber aut wirde, chume ni dere Sach langsam uf d Spur. I weiss scho no, was i Spannends u Äxtravagants erläbt ha, aber i studiere nümme viu dranume u bi froh, dass ds Läbe jitz chli bedächtiger worde isch. O i dänke jitz meh a Summeräbe, wo ni aube sehnsüchtig i Stärnehimu oder i d Witi gluegt u tröimt ha, äuä ähnlich wi d Berta, wo bim Singe verusse vom grosse Glück tröimt het, wiu ja aues no offe gsii isch, aues no müglich, o di ganz grossi Liebi, ds Schloss mitsamt em Prinz u em Himu uf Ärde. Wahrschiinlich het me im Auter mängisch Längiziti nach der Sehnsucht. Bsungerbar a Summeräbe.

Bildungsfern

Bim nöimödische Wort «bildungsfern» chunnt mir geng Transfatermoorehüsli z Sinn. Das «bildungsfern» chunnt mir vor wi ne schief ufgsetzti Perügge, läse tuet me's meischtens im Zämehang mit der Pisa-Studie, Ching vo Eutere mit enere bescheidene Schuebiudig chöme i dene Täggschte us biudigsferne Familie. U genau drum chunnt mir gliichzitig geng Transfatermoorehüsli z Sinn, mi Vatter isch äbe nume i d Primarschueu gange. Lueg, das isch es Transformatorehüsli, het er einisch zu mir gseit, aber we d Buechstabe vo däm Wort chli verträäisch, tönt's no luschtiger: Transfatermoorehüsli.

Es angersch Mau het er es nöis Wort erfunge: Pulgiere. Muesch de luege, we mir es Zitli pulgiere statt mache, de pulgiert glii ds ganze Dorf, het er gseit u verschmitzt glachet. I weiss nümme, ob das klappt het, zmingscht im chlinere Kreis äuä scho.

Mi Vatter het d Sprach im schueumässige Sinn nid beherrscht, aber se witzig verbiege u verträäie, das het er wunderbar chönne. U vor auem het er mit sine Spili mi Fröid u Luscht a de Wörter, a der Sprach gweckt. Wi gseit, bi «bildungsfern» dänke ni geng: Transfatermoorehüsli…

Warum äch das?

Mitgfüeu,
ds Wort
für wöue teilnäh.
Mitfröid
fääut im Wörterbuech.
Warum äch das?

Vereint

Me cha sich
für di gliiche Ziiu
vereine
u cha sich o
vereinige ir Liebi,
im Sinn vom Wort
vereint sii
cha me aber nid,
zwe Mönsche
blibe geng
zwöi Mau e Mönsch.

Tröime

Me würd nid riicher,
we sich aui Tröim erfüute,
me wär ermer dranne,
wiu me nümm chönnt tröime.

Ufghobe gfange

Mir hei Stammplätz,
deheime am Tisch,
im Chrüz u im Stärne,
im Bistro am Meer.
Gwöhnts isch Vertrouts.
Gwohnheit isch ds Netz,
wo üs Haut git,
aber o nümm laat la ga.

Ergere

Mir si mit em Outo i d Ferie gfahre. Das isch wider prima gange, ha ni am Ziiu zu mim Ma gseit u aaghaute, wiu i gmerkt ha, dass i ds lätze Strässli verwütscht ha für zum Hotel. O ds Cheere isch problemlos gange, ussert dass es plötzlich hinger klepft het. Mir si use ga luege. E klare Fau, i bi vou i Socku vo re improvisierte Verchehrstafele tätscht. Mir hei chli belämmeret zersch der Socku aagluegt u de gäg ufe zur Tafele. «Halten verboten» isch gross u dütlich druf gstange. Wo ni das gseh ha, ha ni derewä müesse lache, dass sich e Büebu, wo ir Neechi uf em Trottoir gstange isch, irritiert het aafa i de Haar chratze. Aber i ha eifach nume das glungnige Biud gseh, mir zwöi, wo mit dumme Gsichter im ne Hauteverbot stö u zwüschem verbülete Outo u der böse Tafele hin- u härluege. E Karikatur. Luschtig.

I Situatione, wo eigentlich nüt Gfröits si, passiert es mir no öppe, dass i zersch einisch ihri komischi Site gseh, u so eini git es eigentlich fasch i jeder Läbeslag. Me chönnt sich natürlich o eifach ergere. Chönnt sich scho wäg weniger öppemau der ganz Tag ergere. Aber me muess nid.

Tschugger

I weiss nid, wi wit das gstumme het, we mi Vatter mängisch mit spitzbüebischem Gsicht bhouptet het, er redi jitz Matteänglisch. Es isch äuä scho meh es Gmisch gsii us Matteänglisch, Buebesprach und eigeter Fantasii. Eis vo sine Sprüchli isch gsii: Adischu chadischmer i ds Fadidle bladinschge. Eh, ha ni aube chönne gugle, vor auem, wiu er gliichzitig gseit het, so öppis dörf me eigentlich nid säge, o nid uf Matteänglisch. Gugle für Lache isch aber nid unaaständig, o we's chli glungnig tönt, das Wort steit ohni Wenn u Aber im Bärndütsche Wörterbuech. U gugle darf me jitz sogar lut Duden, wobii dä auerdings ds Surfe im Internet mit der Suechmaschine Google meint. Wiu i uf au Wiis u Wäg gärn gugle, bi ni chli em Matteänglisch u em Mattedialäkt nachegooglet u ha de glii einisch o äiwäg guglet, wiu i nämlich uf nes Wort gstosse bi, wo ni z Züri geng u geng wider ghört ha. Ob äch d Zürcher wüsse, wäm si nachegiige, we si gassesprachlich über d Polizei futtere? Tschugger hei si nämlich vo de Mätteler.

Ferienändi

D Zit, wo jedi suuri Gurke
het e Chance gha
zum Elefant z mutiere,
isch wider düre,
jitz geit es wider aune
nume no um d Wurscht.

Dünger

Überau u jede Tag
Usbüterei u Gwaut.
Me gwöhnt sich dra
u laat se wachse,
git ne no chli Dünger
mit so gsunge Sprüch
wi Rede sigi Siuber
u Schwige Goud.

E Wärmuetstropfe

I süggele
am Wärmuetstropfe,
wiu di länge Tage
scho verbii si,
u würd di churze
gschider gniesse,
i weiss ja nid,
ob i no da bi,
we si wider länge.

Es fääut eim chli

We's eim guet geit,
fääut's eim chli,
das chönne Chlage.

Hildegard Knef

Dass es roti Rose
für se söui rägne,
tönt für Moderati
zimlich dubios.
Di schöni Toti
unger rote Rose
preicht das nümm.

Gägewäute

We freji Künschtler
Gägewäute schaffe,
steckt derhinger Liebi,
wo Hoffnig macht.
We Ungerdrückti
Gägewäute schaffe,
steckt derhinger Hass,
wo z förchte macht.

D Natur u mir

Früecher het der Ougschte Erntemond gheisse, mit guete Gründ, es git Öpfu, Zwätschge, Gurke, Melone, Beeri, Chrutt u Rüebe. Das wär o hüt no es Fescht, we me au di Sache nid ds ganze Jahr problemlos im Lade überchäm. Mir müesse scho lang nümme zwingend im Takt vor Natur loufe. O i Sache Wätter dänke mir im Summer meh a ds Bade u Grilliere aus a d Natur, süsch würde zmitts i re Trocheperiode d Wätterfrösch nid strahlend verkünde, me chönn sich uf witeri trochni Sunnetage fröie. Das si nume Chliinigkeite, aber si illuschtriere gliich, wi mir üs mit üsem Dänke u Handle geng meh vor Natur absetze. O im Grössere, u das gseht u merkt me üser Chugele langsam, aber sicher aa. Me muess zwar nid Angschte ha um d Natur, das wo mir zerstöre, wär für üsi eigeti Zuekunft nötig, d Natur an sich überläbt scho, di bruucht üs nid. Ihre wunderbar Kreislouf cha o ohni üs witerloufe u Läbe i verschidenschte Forme produziere. Mir säuber gseh üs auerdings aus Chrone vor Schöpfig, drum würde sich d Umwäutschützer äuä gschider umtoufe i Mönschschützer, das würd vilech meh batte.

Sich jung füele

E junge Mönsch seit chuum einisch, er füeli sich jung, das ghört me nume vo Aute. So kurlig, wi das im erschte Momänt tönt, isch es nid, es isch ender logisch, e junge Erwachsene isch schliesslich no nie öppis angersch gsii aus jung, cha sis Jungsii nid vergliiche mit sim Autsii. Er isch kes Ching meh, das scho, aber jitz isch er eifach d Nicole oder der Luca, wo sich aus sich säuber füele, nüt angersch.

    Sich jung füele, das chöi nume mir Aute. Das Biud, wo mir ir eigete Jugend vom Auter gha hei, het sich üsserlich zwar o für üs erfüut, mir hei Runzele, z viu Hut, Gliderschmärze u angeri Gebräschte, aber äbe, innefür aute mir eigentlich nid. Am ne herrliche Summermorge düecht es mi mängisch sogar, i wett jitz der Aare naa renne u zwüschine geng wider chopfvoraa i ds Wasser hechte. Oder wett i re sametige Summernacht irgendwo ga düretanze. Settigs geit aber nümme. Ds Gsteu isch z aut für mängs, wo ds Gspüri mängisch chönnt u wett vom Zuun riisse, so wi denn, wo der Schnuuf no läng isch gsii u aues im Saft. Me sig so aut, wi me sich füeli, seit es gflüglets Wort. Schön wär's! Jung füele chöi mer üs scho, aber jung sii, das chöi mir mit em beschte Wiue u Wünsche nie meh.

Nume ha

Scho
si d Vogulieder
wider z Änd.
Über ds Sinnbiud
vo de Jahreszite,
em Cho u Ga,
huschet e Schatte:
Üse Summer chöi mir
nume einisch ha
u nume ha, nid häbe.

Ufeluege

Im Summer,
uf em Wäg
dür ds Maisfäud,
cha ni mängisch
wider gspüre,
wi nes gsii isch,
denn aus Ching,
das Stuune
u das Ufeluege
zu der Wäut.

Eigenartig

Roschtigroti Fäuder.
Brungäubdüri Matte.
Eigenartig, dass
so goudigbruuni Blätze,
dass d Natur i ihrem Durscht
so schön zum Luege si.

Herbschtahnig

D Störch si gange.
D Schwaube
biude Schare
u mache Probeflüg.
Chüeli Nächt tüe woou
u Näbuschwade weh.
D Herbschtahnig
isch das aute Gfüeu,
wo mi mit jedem Jahr
geng nöier düecht.

Angscht wär lätz

Jitz faat d Zit mit em schönschte Liecht a, mit der herrlichschte Witsicht. Nid nume für ds Wandere, o für ds Gleitschirmflüge oder Chlättere. Dene, wo sich uf keni so dünne Escht uselö u höchschtens chli gö ga spaziere, faut es nid liecht z begriife, warum sich angeri freiwiuig Gfahre ussetze, sig's ir Luft, a Feuswäng oder mit süsch öppis Ussergwöhnlichem. Ds Outofahre isch da auerdings e Usnahm, das isch für schier aui afe so autäglich worde, dass me nümme geng dradänkt, dass o uf der chürzischte Fahrt vo eir Sekunde uf di angeri aues für eim chönnt verbii si. So tröihärzig, wi mir i ds Outo stige, geit chuum e Sportler i ne Wand oder i d Luft. We Extremsportler gfragt wärde, ob si nie Angscht heige, ghört me nid säute di iidrücklichi Antwort: Angscht wär der lätz Begleiter, aber Reschpäkt ha ni. So dänke wär äuä o für mängs angersch ds einzig richtige Rezäpt, für au di Sache, wo me eigentlich gärn wett ungernäh, aber sich nid trout. Mit dere Iistelig chönnt me meh wage u erläbe. Geng schüüche u Angschtmuure um sich boue het nämlich e höche Priis, me setzt sich säuber unverletzt gfange.

Septämber

Der Septämber isch der Monet, wo eim genau so ds Gspüri chutzelet wi der März, nume umgekehrt, es faat nid aues ersch aa, es geit aues liisli z Änd. D Tage churze schnäuer. Ds Mattegrüen überchunnt e Stich i ds Blaugraue. Uf de Büsch u Böim flimmeret mängisch e Lilaton. Teu Bletter brüüntschele.

Di Stimmige wecke öppemau Wehmuet u Melancholii u mängisch o e unbestimmti Sehnsucht. Isch es Fernweh? Ds Gfüeu, öppis verpasst z ha? We's das wär, we no öppis sött fähle i de Erinnerigsschublädli, de nid lang studiere, es längt no, es isch ersch Septämber! O we's öppis Verruckts isch, mache! Was me gmacht u erläbt het, cha zwar verbii sii, aber me het's gha. I weiss das, mi persönlich Septämber isch scho verbii, u i ha se i mir, d Witi u Süessi vom Meer u vor Liebi, i muess mi nümme dernaa verzehre. Hingäge di unbestimmti, ziiulosi Sehnsucht, wo mängisch mit de Morgenäbeli us em Bode stigt, söu Sehnsucht blibe, Aakunft isch Ändi.

I wett

I wett,
we d Hoschtet
wider brönnt,
di aute Lieder
chönne nöi erfinge
u ds Lüüchte
vo däm Stärbe
chönne spiegle.

Der Boum explodiert

Es magisches Biud,
d Chrone vou Vögu,
der Boum explodiert,
e Massestart,
si pfile i d Höchi,
formiere e Schar
u fö aafa kreise.
U ds Ruusche
vo au dene Flüguschleg
fahrt ii wi nes
gheimnisvous Lied.

Wortspiu

We ni mir vorsteue,
was du dir vorsteusch,
muess i grad säge,
so cha das nid ga,
seit dise zu äim.
Es geit aber gliich,
wiu äine
sich's nid eso vorsteut,
wi dise sich vorsteut,
er steui sich's vor.

Rümpfe oder chrüsele

Im Ofeguggeli
schmoret
e färndrige
gschmurete Öpfu.
Wär bi so
usrangschierte Wörtli
d Nase rümpft,
weiss nid,
wi fein si schmöcke,
süsch würde si ne
chrüsele ir Nase.

Nöji Härdöpfu

Septämber, nöji Härdöpfu. Es chunnt sicher viune viles z Sinn, we si se gseh dalige, di schöne Chnoue mit der no huuchdünne Schinti. Bi de Aute isch es vilech d Wahlen-Aabouschlacht im letschte Wäutchrieg, wo o i Pärk u i private Gärtli si Härdöpfu gsetzt u gärntet worde. Angeri dänke vilech a ds Lache u Charisiere bim Härdöpfele, oder a ds Rüggeweh, wo's gä het, we me i de Füfzgerjahr i de Herbschtferie de Pure isch ga häufe ustue. I säuber ghöre unweigerlich mi Vater, wo jede Herbscht gschwärmt het: Es git nüt Bessers aus di erschti Röschti vo nöie Härdöpfu. A das ha ni de o dänkt, wo ni a sim Grab gstange bi, u drum ha ni öppis gmacht, wo sich nid grad schickt, i ha nihm nämlich e Setzhärdöpfu iigrabe näbe di üebliche Blüemli. D Stude isch de zwar nid zum Blüeje cho, der Fridhofgärtner het äuä vorhär iigriffe, aber es paar nöji Härdöpfeli hei sicher rächtzitig möge wachse, u di Vorstelig gfaut mir hüt no. O mi Vater hätt Fröid gha a däm chliine Streich, i ghöre ne emu jedes Mau lache, we ni a di Episode dänke.

Herbscht-Tagunachtgliichi

Der Tag gliich läng wi d Nacht, Herbscht-Tagunachtgliichi. I so Momänte erhudlet mi ds Stuune über au di faszinierende Kreislöif im Planetesyschtem geng u geng wider. U dass me die so genau cha berächne, finge ni fantastisch. O wenn di nächschti Sunnefinschternis stattfingt, wüsse mir jewile scho lang vorhär, d Wüsseschaft cha so Ereignis ja ungloublich wit voruus berächne. Hingäge dert, wo's üs am meischte würd intressiere, bim Läbe, isch d Wüsseschaft mit Rächne am Hag. I üsem Läbe git es ke Früeligs- oder Herbscht-Tagunachtgliichi. Mir schummle, we mir vo üser Läbesmitti rede, ke Mönsch cha d Mitti vo sim Läbe zum voruus berächne. Es wird, trotz au üsem Wüsse, äuä geng meh Frage gä aus Antworte. Mir gseh, beobachte zwar der aschtronomisch Kreislouf, der Wasserkreislouf, o der Kreislouf vo de Böim u Pflanze, aber ob das Verga u Wärde o für üses Läbe giut, blibt es Gheimnis. Gloube chöi mer's scho, wüsse nid. U was mir o chöi: Bir Tagunachtgliichi üsi Gedanke u Gfüeu i ds Universum use schicke u wider einisch stuune über au di wunderbare, grosse Kreislöif u a eine vo dene üsi Hoffnig hänke.

Wasserkreislouf

Ohni Wasserkreislouf
wär der Mönsch
nid müglich.
Der Wasserkreislouf
ohni Mönsch hingäge scho.
U no nie isch üse Stärn
vor Bahn abcho
wäg üsem Cho u Ga.
Ob das e Troscht isch,
isch e Frag vor Perschpektiive.

Es kurligs Gfüeu

Der Wasserkreislouf
het o üses Läbe
i der Hang.
We eim das
bim Wasserlöse
z Sinn chunnt,
isch's es kurligs Gfüeu.

Melancholii

Navigationslos
schwäbe
über em Grat.
I weicher Side
Flug
oder Fau.

Humor

Humor
bringt aus i d Gredi.
We me uf O-Bei louft
u gar nie gseht,
dass chrummi Bei
o öppis Luschtigs hei,
de liidet me viu meh
aus müessti glitte sii.

Rächthaber

Mit Rächthaber
rede
isch sinnlos,
si höre nid uuf.
Se gschweigge
geit nume
mit Schwige.

Je meh dass i weiss

Chriege u Fouter
u hüslichi Gwaut
u Ching mit Pischtole
u Hungerbüüch –
je meh dass i weiss,
descht weniger weiss i,
was i emu o söu
mit däm, wo ni weiss.

Näggi u Öchsligrad

I metapherle gärn mit de Jahreszite, we's um ds Läbesauter geit, im Momänt am liebschte mit der Vegetation im Herbscht, bsungerbar de Räbe, o die hei wäg strube Tage, wo se im Früelig oder Summer schiinbar würkigslos troffe hei, im Herbscht derwäge es paar Näggi. Bi mir chunnt jitz o mängs füre, wo ni früecher chuum gmerkt ha. Natürlich nid nume settigs, wo het Müüssi gä, vor auem o Gägeteiligs. Zum Bispiu das, wo passiert isch, wo ni aus Sibetklässlere vo Bäup uf Wichtrach cho bi u mi dert ir erschte Dütschstung aus einzigi gmäudet ha für nes Gedicht ufzsäge. Hochdramatisch ha ni das gmacht, so wi ni's scho öppe im Radio ghört ha gha. D Buebe het's schier putzt vor ungerdrücktem Lache, u d Meitschi hei mi vergeuschteret aagluegt. Das het mi nid gstört, mi Begeischterig für Gedicht u d Luscht se vorztrage si viu grösser gsii aus irgendwelchi Hürde. I bi de aber nid lang di Einzigi blibe, glii hei sich o angeri gmäudet, we der Lehrer gfragt het, ob öpper wöu es Gedicht vortrage. Im Verlouf vo mim erschte Wichtracher Jahr het der Lehrer einisch zu mir gseit, es sig schön, dass i angeri mit mir Fröid ar Poesii u am Rezitiere chönn aastecke, er hoffi, i mach so witer. Dä Satz het mi denn ähnlich gfröit, wi nes Guet ungerem Ufsatz, aber meh nid. I ha ersch jitz gmerkt, wi wichtig er gsii isch für d Öchsligrad vo mim Wii.

Im Momänt läbe

Der nid autäglich Momänt vom ne schwäre Schicksausschlag empfingt me meischtens aus irreal, gspürt sich säuber nümme, steit unger Schock, macht vilech öppis, seit öppis, aber meh wi ne Roboter oder Troumwandler. Me erliidet, was passiert isch, ersch hingerdrii richtig. O der Schmärz, d Angscht oder d Truur chöme ersch später, mängisch sogar viu später.

Umgekehrt erläbt me angeri nid autäglichi Momänte mit aune Sinne würklich u totau. Me steit vilech am Meer oder uf em ne Bärg, begriift für ne Momänt sprachlos ds Unfassbare vom Universum, gspürt mit jeder Fasere, dass me läbt, isch fraglos ergriffe u glücklich.

Hingäge im Autag geng im Momänt läbe, wi's eim öppe grate wird, isch unmüglich, das würd ja heisse, geng aues erfasse. Zum Bispiu ds Wunder vor Metamorphose, we ne Schmätterling vor em Fänschter verbiiflügt, ds Wunder vom Voguzug, we üs e Vogudräck uf d Achsle gheit, bim Lige, Sitze oder Loufe ds Wunder vo üsem Bluetkreislouf, em Härzmusku. Es passiere jede Momänt Wunder über Wunder, ir Natur, i üsem Körper, üsem Hirni. Se permanänt erfasse wär nid zum Ushaute, da würd me derbii der Verstang verlüüre.

Erahne

D Sehnsucht
nach em Meer
ha ni scho gspürt,
bevor i's kennt ha.
Erklär mir's nid!
Erahnts
bringt mir meh
aus Erforschts.

Hemmige

Mani Matters
aute Lieder
berüere hüt no
u si nid verbii.
Nume d Sach,
wo är u mir
so ghoffet hei,
si blibi wahr,
die vo de Hemmige,
isch himutruurig
us der Mode cho.

Mitgfüeu

Üses Mitgfüeu
isch es angersch Gfüeu
aus ds Gfüeu vom anger.
Drum git's bim Gärnha
u bim Gärnghawärde
gärn ungueti Gfüeu.

Mi sige üs es wärt

Mir söue säubele,
seit d Wärbig,
mir sige üs es wärt.
E kurligi Idee.
Das, wo die meine,
chasch nid choufe
u säubele no minger.

I wott nid mi Rue

I ha mi früecher geng gfröit uf au das, wo ni im Summer uf di länge Winteräbe verschobe ha, e Bige bsungeri Büecher es zwöits Mau läse, auti Fotone sortiere, so settigi Sache. Gschafft ha ni's aber nie, es isch geng scho vorhär wider Früelig worde. Später ha ni di Sache aafa uf d Zit nach der Pensionierig verschiebe. I ha mir vorgsteut, dass es de rueig u stiu wärdi u i zfride zmitts i mine Erinnerige höckli. Weder das wär de o nüt gsii, es louft grad äiwäg ume. Nid nume bi mir, o bi mim Ma. Drum hei mir uf di aute Tage üsi Zäut uf em Land abbroche u si zmitts i ds bunte Tribe vo re Stadt züglet. Es het üs düecht, di ländlichi Rue, wo üsi Läbesgeischter jahrzähntelang nach de hektische Arbeitstage ufgmöblet het, föng üs jitz ender aafa lähme. U i merke jitz o, dass i ender säute auti Büecher es zwöits Mau wott läse, sondern lieber nöji. O nid auti Föteli iichläbe, lieber nöji mache. Es schiint bi mir mit däm Autwärde mängs zimlich angersch z loufe aus i gmeint ha. I wott jitz emu eidütig nid mi Rue, di chunnt de vo säuber früe gnue.

Sammle

Es wärde di ungerschidlichschte Wärtsache gsammelt, Briefmarke, Münze, Erschtusgabe vo Bücher oder auti Puppe. Teu Lüt sammle auerdings o ganz angersch Züüg, Schetz müesse offebar nid geng koschtbar sii, für dass me dranne cha Fröid ha. I bi im Internet zum Bispiu uf ne Sammler vo skurrile Todesaazeige gstosse u uf öpper, wo sit Jahre Glace-Stile sammlet. Vo re Sammlig vo chranke Zündhöuzli ha ni o gläse, da het eine z hundertewiis chrummi Zündhöuzli zämetreit oder settigi mit em ne gspautene oder gar kem Chopf.

We me d Sammuliideschaft säuber nid kennt, chunnt eim settigs kurlig vor oder mängisch sogar chli dumm, wiu di liideschaftliche Sammler däwä viu Gfüeu, Arbeit u Zit inveschtiere für öppis, wo si nüt dermit verdiene u wo niemerem nützt, auso sozsäge e Gwautsufwand für d Chatz betribe. Jäää... vilech wär ja grad das ds Gäube vom Ei, das, wo eim guet tät... Me müesst's äuä einisch usprobiere.

Begriife

We me
ärnscht nähm,
was me tröimt
u gspürt u tuet,
u gliich dra dänkti,
dass es einisch,
ganz am Schluss,
e chliini Roue spiut,
was wie isch gsii,
de hätt me ds Läbe
vilech chli begriffe.

Novämbernäbu

Mängisch wett i
vo der Wäut
nume sövu gseh
wi im Novämbernäbu
zmitts im Waud
vom Waud.

Gershwin, Prévert u Co.

Nach Summertime
Les feuilles mortes.
Langsam wächsle dusse
d Farbe vo de Kläng.
Der Näbu tönt wi Fado,
d Blueme hei der Blues.
Solang mir d Hoffnig blibt
uf ds tröschtliche Dacapo
vom ganze Liederschatz,
tuet mir di Wehmuet woou.

Poesii

Näbufätze
uf der Matte,
lääri Böim
u dicki Chrääie.
Ahnige
u Längiziti
nähre d Poesii
vor Hoffnig,
si bruucht
d Melancholii
vom Herbscht.

D Liebi

Sit 1999 isch der 25. Novämber der Internationau Tag gäge Gwaut a Froue. Gwaut a Froue het viu Gsichter. Eis vo de truurigschte Kapitu düecht mi di hüslichi Gwaut. I steue mir vor, dass die für ne Frou seelisch no schlimmer isch aus Gwauttate vo Frömde, wiu es da um ne Gmeinschaft geit, wo me freiwiuig u vou Hoffnig u Vertroue iigange isch u eines Tages vom Partner gwautsam enttüüscht u verrate wird. Bsungerbar beschäftiget mi o, dass betroffeni Froue mängisch o no vo Verwandte u Fründe aagriffe wärde, nämlich denn, we si ihre gwauttätig Ma trotz auem gärn hei. Das sig Hörigkeit, wird ne vorgworfe, so eine z liebe sig chrankhaft. Derbii cha me d Liebi nid wöue oder nid wöue, si isch, was si isch, u si isch eifach da, mängisch o schier wi ne Vergwautigung. Es cha eim tatsächlich passiere, dass me öpper muess gärnha u das höchscht ungärn macht. Aber gliich, we's se nid gäb, di Liebi, wo nid rächnet u wärtet, wär scho lang Hopfe u Mauz verlore für üs Mönsche.

Emau schön gsii

I ha früecher jewile gmotzet, we öpper vor re aute Frou gseit het, das sig sicher mau e Schöni gsii. Warum gsii, ha ni gmulet, di isch doch geng no schön.
 Ja, irgendwie scho, het's de aube tönt, aber...
 Das Irgendwie u das Aber hei mi gergeret. I ha nid wöue la gäute, dass Schönsii mit der Jugend z Änd göng. I ha angeri geng u geng wider mit der rhetorische Frag glöcheret, ob si dert das aute Gsicht nid schön fingi. I ha das denn eifach so wöue gseh, ha mit em Verstang gluegt, nid mit em Gfüeu. Derwile bi ni ehrlicher worde. I bruuche im Zämehang mit Läbe vor auem denn u drum ds Wort «schön», we ni ds Blüeje u Spriesse gseh u gspüre. Ds Wärde, u äbe nid ds Verga. E Rose, wo ufbricht oder i vouer Bluescht steit, berüert aui Sinne, isch e Fröid, isch schön.
 Isch d Rose, wo am Verweuke isch, würklich o schön?
 Ja, irgendwie scho, säge hüt o i, aber...
 I ha haut scho angersch aafa luege, sit uf mim eigete Haus e aute Chopf höcklet.

Novämber

Ohni d Stiui,
ohni d Lääri
vom Novämber
fääuti ds Plange
nach em Liecht,
d Metaphere
für d Hoffnig.

Es wär no Herbscht

Es git no Suuser,
's isch no Zit
zum Loubseck füue,
u gliich si i de Montere
scho Chugele u Stärne.
Es heisst haut nümme,
Herbscht isch Herbscht
u Wienacht Wienacht,
sondern
Gschäft isch Gschäft.

Wintermeer

Winterblaui
Morgecheuti,
Möwegschrei
u Ruusche.
Si luegt u luegt,
der Sandstrand
ghört der Brandig,
si em Meer
u ihre ds Biud.

Nid gschönt

E Greis
seit nid, är sigi aut,
er seit, är auti.
Das isch nid gschönt,
aut sii wär Stiustand,
u mir wärde,
bis mir tot si,
geng no euter.

Fädere u Fäderkiil

Ds Fäderechüssi i Grosmueters Bett isch gigantisch gsii, u ds Duvet het Dachbett gheisse u isch o gsii wi nes Dach über eim. Dennzumau isch me no im wörtliche Sinn i d Fädere gschlüffe. I bi aber chuum di Einzigi, wo o hüt no seit, i heig früe zu de Fädere uus müesse, o we ni lengschtens i Bettzüüg schlafe, wo mit Kunschtstoff gfüeut isch. O vo angerne usdienete Fädere rede mir geng no: Aus der Feder von... Nid öppe nume für Gedicht vom Goethe, wo würklich no mit der Fädere gschribe het, o Drääibüecher zu hütige Fiume si aus der Feder vo däm oder jenere. Derbii schribe die nid emau mit der Füüfädere, em künschtliche Nachfouger vom Fäderkiil, di hütigi Fädere isch der Computer. I frage mi mängisch, warum mir äch Wörter bhaute, wo Autäglichs vo üsne Autvordere beschribe, aber mit üsne hütige Sache u Tätigkeite überhoupt nümme überiistimme. Ma sii, dass d Sprach de rasante Veränderige i üsem Autagsläbe eifach nid het nachemöge. Aber es chönnt o sii, dass mir das gar nid wei. We me würd säge, me heig dä Morge früe zu de Mikrofasere uus müesse, nähmte di angere das äuä zimlich gliichgüütig zur Kenntnis, hingäge am Stosssüfzger, me heig zu de Fädere uus müesse, hanget e erinnereti Wöhli, wi die im gigantische Bettzüüg vor Grosmueter.

Haubschue

I bi am Winterstifu putze gsii, wo mir d Frag isch i Äcke gumpet, warum me de Haubschue eigentlich Haubschue sägi. Vermuetlich gäb's Schue ohni höchi Schäft no nid so lang, ha ni dänkt, u drum heig me die zersch aus chli öppis Haubbatzigs aagluegt. Drum bi ni im Internet ga de Schue nachestifle.

Di erschte Schue, wo me lang vor üser Ziträchnig treit het, sige Sandale gsii, ha ni erfahre. Später si, emu i bessere Kreise, en Art Pumps Mode worde, u d Stifu si ersch im zwöufte Jahrhundert ufcho, auso si di Haube lang vor de Höche da gsii.

Aber me het äuä zur Zit vo üsne Gros- u Urgroseutere trotzdäm nume höchi Schue treit, wägem Bode, wägem Gländ, me gseht emu uf aute Fotone nüt angersch. Es chönnt auso gliich sii, dass üsi Urahne di nöimödige Schue vo ihrne Nachkomme e haubbatzigi Sach gfunge u ne drum Haubschue gseit hei. Vilech dänket dir jitz, höchi Schue sige höchi Schue u die ohni Schaft logischerwiis Haubschue, da gäb's doch nüt z grüble – jäää, warum git es de nid nume Haubschue a de Füess, sondern o Haubschue aus Schlötterlig für öpper, wo nume haub begriift, was er sött? D Sprach chönnt mit dene Haubschue äbe scho wider einisch säubständig e Gschicht vo früecher verzeue. We ni se de weiss, verzeue nech se witer.

Gnue

Mängisch het me
eifach gnue
vo dene Horror-News
us auer Wäut.
Mit em Wüsse louft's
wi mit em Ässe,
we's z viu wird,
geit's nümm abe.
Es isch e Platzfrag.

Der chürzischt Wäg

Der chürzischt Wäg
spart Zit.
Fragt sich nume,
weli Zit
für was me gwinnt
u was me
uf em churze Wäg
meh gseht.

Es cheibe Züüg

Ir Jugend
weiss me
hüüfig no nid,
was me chönnt.
Im Auter
cha me
hüüfig nümme,
was me wüsst.

Jammere

Jammere
bruucht Energii.
Drum cha me's
am beschte
mit vouem Buuch
u warme Füess.

Ineluege

Schöns, wo gha hesch,
blibt geng i der inne.
Drum drii i au
di gspicherete Biuder,
we zringsetum
es böses Luege isch!
Muesch di nid schiniere,
dass dini Tröim im Auter
geng no, gliich wi aube,
türkisblau verspunne si.

Hesch's ja erläbt

Was nümme isch,
hesch nid verlore,
hesch's ja erläbt.
Nid nachetruure,
nachetröime!
Gnüsslich widerchöie
git Saft für Nöis.

Generationengerecht

Es isch nid nöi, dass me de Aute nümme Auti, sondern Seniore u Seniorinne seit. U es git im Zämehang mit em Auter geng wider nöji Wörter. So ne Nöischöpfig isch mir us em ne Proschpäkt für Auterswonige i d Ouge gumpet, «Generationengerechte Appartements» isch da z läse gsii. I verstah, dass me ds Auter probiert mit Wort z beschönige, schliesslich isch es i de letschte Jahrzähnt für vili tatsächlich problematisch gsii aut z wärde, der Jugendwahn isch ir Voublüeti gstange, nume no jung u dynamisch het zeut, Erfahrig schier nüt meh. U di Pensionierte si höchschtens denn nid zum aute Ise zeut worde, we si chräschligi Graui Panther si worde. Das het zum Glück ir nöiere Zit chli gänderet u besseret. Aber äbe, ds Wort «aut» isch so lang negativ bsetzt gsii, dass es jitz vili schüüche, drum ha ni würklich nüt gäge nöji Wörter u Formulierige, aber dass i sofort korrigiert wirde, we ni vo mir säuber säge, i sig aut, dadergäge ha ni öppis. I wett mis eigete Auter nid mit der Sprach müesse lifte. I wett dörfe aut sii, ohni mi derwäge müesse z schiniere.

Schlafe

Für vili isch usschlafe am Sunntig es Fröideli. O am Abe, we me us zwingende Gründ het müesse dürebiisse, isch ändlich dörfe ga pfuuse e Wooutat. I dänke zwar öppemau, me sött nid ds haube Läbe verschlafe, u gliich röit mi di verschlafeni Zit eigentlich nie. E töife Schlaf düecht mi bim Erwache geng öppis Wunderbars, obschon i d Zit vom Schlafe gar nid bewusst erläbt ha. Aus Jungi het es mi aube gstört, we i Todesaazeige gstange isch: Er ist friedlich entschlafen. I ha gfunge, me probier der Tod mit Wort z beschönige, schliesslich sig ufhöre läbe o für auti Mönsche chuum schön u fridlich. Bis i de es paar Mau der auerletscht Läbesabschnitt vo angerne miterläbt ha. Da ha ni gseh, dass am Schluss vom Läbe im Grosse das cha passiere, wo me vorhär nach stränge Tage tuusig Mau im Chliine erläbt het, üse Körper cha offebar so müed wärde, dass der Wunsch, nume no ewig dörfe z schlafe, zum ne natürliche Bedürfnis wird. Es isch mir a dene Totebett jewile vorcho, aus chönnt i für ne Momänt em ne geniale Zämespiu vo Naturgsetz zueluege.

Zum Tod von Urs Flury

Sis Füür het gloderet.
Jitz isch es abebrönnt.
Es hingerlaat
sis Liecht, si Chraft
i starche Biuder.

Der Sinn

Ersch we's stiu wird,
lehrt me lächle
über ds läbeslange
Sueche nach em Sinn.
Ersch der Tod
laat eim begriife,
dass der Sinn vom Läbe
ds Läbe säuber isch.

Di stiui Zit

Mängisch ligt di Zit
vor Wienacht,
d Zit vom Liecht
uf eim wi Blei.
Si isch eim mängisch
eifach z lut, di stiui Zit.

Geili Wienacht

's isch ds Zähni,
hei mir aube gseit.
Hüt heisst es
coole Tanneboum
u geili Wienacht.
Nid tragisch näh!
O mir hei denn
mit üsem Zähni
ja nid a d Schibe
u a Karabiner dänkt.

Haut

Jungi chöi mit em beschte Wiue nid wüsse, wi's würklich isch, we me aut isch. I ha mir's vor Jahrzähnte mängisch probiert uszmale, aber di Biuder, wo ni mir denn gmacht ha, gheie jitz eis um ds angere us em Rahme. Ds eigete Auter cha me sich bi auer Fantasii nid vorsteue, das muess me erläbe. Chli es Müesse isch es de auerdings mängisch scho, es isch nämlich mängs müesamer u deprimierender, aus es vo usse usgseht. Aber derfür het es o Site, wo ni nie hätt erwartet u wo mi totau ufsteue. Das mit em Haut zum Bispiu. I ha früecher dänkt, i müess rächtzitig derfür sorge, dass i mi de im Auter geborge füeli. I ha a ne Art gschützts Plätzli dänkt, ha o drufhäre gschaffet u öppemau chli Angscht gha, es gling mir de nid. U jitz wirde ni aut u merke, dass i das gar nid bruuche. U dass i's o nid wett, im Gägeteu. I gspüre di lengerschi meh, dass das, wo mi usmacht, mis Dänke u Gspüre, niene wott feschtgmacht sii, sondern use wott. I bruuche nid Pflöck für mi Haut, sondern Witi. U di isch überau. Vo da, wo ni grad bi, bis i d Unändlichkeit.

Happy End

I bi i de letschte Tage vom Jahr mängisch wi unger Strom. Das geit mir geng so, we öppis em Änd zue geit. Sogar bim ne kitschige Liebesfium im Färnseh, wo ni genau weiss, dass er mit de Hochzitsglogge ufhört. Klar würd's de nach em Jasäge ersch richtig aafa für ds Päärli, aber i wott vo däm Fium i däm Momänt es Happy End. U süsch nüt!

O we ni säuber Gschichte schribe, wirde ni chribelig gäge Schluss, jitz no der entscheidend Schlusssatz, u dä muess sitze wi ds Tüpfli uf em i, vorhär gibe ni nid Rue. Derbii wott i ja eigentlich ds pure Gägeteu. We mi Schluss würklich ds Ändi vor Gschicht wär, wär i überhoupt nid zfride. Mis Ziiu isch viumeh, dass si witergeit, i de Chöpf, ir Fantasii vo dene, wo se läse oder ghöre.

Mit em Jahresänd geit es mir ähnlich widersprüchlich, i weiss zwar, dass nach em Mitternachtsglüt vom Siuveschter aues nahtlos witergeit, aber i erwarte dä Momänt gliich gspannt wi ne Pfileboge. I wott d Gloggeschleg zeue, d Gleser ghöre klirre, wott i däm Momänt es Happy End. U süsch nüt.

D Zit

Mir blibe säute
mit der Zit im Gliichschritt,
der Momänt isch z naach,
geit z schnäu, für ne z erfasse
u i däm Momänt z verwärche.
Drum loufe mir der Zit dervo u hingerdrii.

Angscht

Verlüüre
cha me aues,
ds Erschaffete,
ds Errungene,
o ds Läbe
wird eim gä u gno.
We d Angscht
dir chaut i Äcke blast,
söttsch chönne losla.
Driischla nützt ja nüt.

Irak

We di Gliichlige
zur gliiche Zit
uf ds gliiche
gschundne Land
Brot u Bombe
schiesse,
wett i öppis säge
u ha keni Wort.
U we se hätt,
chönnt se nid bruuche,
wiu z säge ha ni nüt.

Lääri

Läär sii,
flügulahm,
isch deprimierend.
U gliichwoou,
Nöis fingt nume
i der Lääri Ruum,
ir erfüute Wöhli
het's ke Platz.

Wintersunnewändi

I la mir d Fröid nid näh,
o we's zäntume räblet
u d Unke munkle,
's chömi no viu strüber.
Der Wintersunnewändi
isch das nämlich gliich.

Üsi nid

Es spiut ke Roue,
ob mir lache
oder gränne,
ob mir chriege
oder Musig mache,
jedes Jahr
bir Wintersunnewändi
fö d Tage aafa länge,
u üsi churze witer.

Spänglercup

Der Spänglercup im Färnseh isch für mi jahrzähntelang en Art Aapfiff gsii für e Aafang vom Jahresänd. Gnauer gseit si's Grüüsch gsii, die us em Färnseh, zäme mit dene us der Pouschtergruppe, ds Schliife uf em Iis, ds lute Zische, we d Spiler e rasante Stopp grisse hei, ds herte Tock vom Puck, d Reporterstimme, di sachkundige Verwiise u Bravorüef vom Vater, d Mueter mit em Zwüscheruef, iiiiii, dä het der anger aber gmüpft, u der Vater, wo gseit het, eh, Emmeli, das versteisch du doch nid.

Mit em Tod vo de Eutere het di vertrouti Grüüschkulisse aus Aafang vom Jahresändi es Änd gno. Ha ni denn gmeint. Aber es stimmt nid. Es längt geng no, dass i zwüsche Wienacht u Nöijahr im richtige Momänt der Färnsehapparat iischaute, u scho isch aues wider da, o d Stimme vo de Eutere. I ghöre se hinger de Reporterstimme, si töne mit, we d Spiler über ds Iis schliife. Nüt isch würklich verbii, wo mau gsii isch, u drum faat für mi vermuetlich für aui Zite jedes Jahr mit de Grüüsch vom Spänglercup aafa z Änd ga.

Nur die Wurst ...

Jahresänd. Alles hat ein Ende, nur die Wurst hat zwei, dä aut Schlager geischteret geng no ume. Wahrschiinlich, wiu di Bhouptig so schön skurril isch. Klar isch si fautsch, di beide Wurschtändi chönnte äbesoguet d Wurschtaafäng sii, d Aaschnitte. U jedi Nudle, jedes Brätt, Kabu oder Seili het o zwöi Ändi.

U geng, we irgendöppis es Änd het, isch es gliichzitig e Aafang. Aber si passt gliich zu üs, di unsinnigi Wurschtfilosofii vom Stephan Remmler, mir rede viu vom Änd, derbii erläbe mir nie würklich eis. Das, wo gsii isch, isch nie ganz z Änd, es spiut geng o e Roue bi däm, wo wird. Nach em Änd vor Chindheit u der Schueuzit fö di Zite u ihri Erläbnis ersch so richtig aafa würke i üsem Läbe. Oder we mir säge, mir sige am Änd vo üser Gedoud oder üsne Chreft, fö mir gliich wider aa. Nid emau ds eigete Läbesänd erläbe mir, erläbe cha me ja äbe nume läbig. U ob üses Änd de einisch gar kes Änd isch, sondern e Aafang, blibt so offe wi d Frag, ob d Wurscht zwöi Ändi heig oder zwe Aafäng.

Vilech

Bim Stärbe
chöi Begleiter
nume mit zur Tür,
use muess me
ganz alleini.
Vilech isch de das
für eim e Troscht,
wiu me gar nümm
mögti gä u näh.

Gschänkli

Gschmacklosigkeit
cha o vo Härze cho.
Lieblosigkeit hingäge
nume us der Cheuti.

Unteilbar

Me cha scho Aateil näh
am Schmärz vom anger,
dranne teilnäh aber nid.
Schmärz isch unteilbar.

Im Netz

Mir si gfange i de Fäde
vor vernetzte Wäut.
De meischte ihri Fäde
si sövu z churz,
wi die vo paarne z läng.
Blibt no d Hoffnig.

Es fragt sich

Mir si Chaote,
wüete mörderisch
uf üsem Stärn,
wo sich tagii, taguus
so stiu u ordentlich
um d Sunne
u sich säuber drääit.
Es fragt sich,
ob mir äch uf d Lengi
würklich zäme passe.

Gä u Näh

Ching wünsche sich
entweder es Klavier
oder es Bääbichleidli
u schänke Zeichnige,
u niemer reklamiert.
Lang blibt's nid so;
dass Gä u Näh
kes Tuuschgschäft wär,
isch schnäu verlehrt.

Schribe u Chlättere

Wahrschiinlich wärde aui Outore glägentlich gfragt, warum si schribi. I ha o scho i de Haar kratzet wäg dere Frag u nid rächt gwüsst, was säge. Es dräng mi zum Schribe, tönt wi ne Beruefig, u i bi doch nid der Goethe. I schrib eifach gärn, tönt bescheidener, aber isch genau so näb de Schue. Nach vile Gschichte u Gedankefötzeli ha ni mir jitz di Frag einisch gründlich säuber gsteut u o ändlich d Antwort gfunge: I schribe us em gliiche Grund, wi angeri chlättere. Di meischte vo dene hei wahrschiinlich mit em Chlättere aagfange, wiu ne d Bärgwäut viu bedütet het u se einzelni Bärge aazoge hei. U wo ne ds Bezwinge vo paarne glunge isch, hei se schwirigeri glockt. U nächär hei si nümme chönne ufhöre. Sucht spiut auso mit, aber si spiut nid d Houptroue. Es isch meh. E Chlätterer het mau gseit, i dene Stunge am Bärg nähm er jede Momänt hundertprozäntig wahr. Er gspüri süsch nie u niene so intensiiv, dass er läbi, wi bi der konzentrierte Arbeit, bim Kämpfe ir Wand. Genau das isch es, so geit's mir o, e Antwort mit Hang u Fuess.

Zum letschte Mau

Und dräut der Winter noch so sehr mit trotzigen Gebärden, es Wortbiud vom Emanuel Geibel. I ha scho aus Jungi der Versuechig nie chönne widerstah, wenigschtens einisch pro Jahreszit am Radio miner Lieblingsgedicht z rezitiere. Im Früelig der Mörike, wo sis blaue Band laat la flattere. Im Summer der Gottfried Keller: Es wallt das Korn weit in die Runde. U im Herbscht natürlich der Rilke mit sine Allee u de Bletter, wo tribe. Oder, am Änd vom Jahr, der Kästner: Das Jahr kennt seinen letzten Tag, und du kennst deinen nicht.

Mit der Zit u mit em Euterwärde ha ni di Gedicht geng schöner gfunge. Drum wott i ihrne Dichter mit mim auerletschte Zum neuen Tag nomau d Ehr erwiise.

Liecht gfaue si ne ihri Gedicht chuum, der Erich Fried het's träfflich beschribe: Es heisst, ein Dichter ist einer, der Worte zusammenfügt. Das stimmt nicht. Ein Dichter ist einer, den Worte noch halbwegs zusammenfügen, wenn er Glück hat. Wenn er Unglück hat, reissen die Worte ihn auseinander.

U trotzdäm hei üs d Dichter geng u geng wider Wort hingerla, wo eim chöi dür ds ganze Läbe begleite. Wiu's äbe würklich so isch, wi's der Eichendorff so schön formuliert het: Und die Welt hebt an zu singen, triffst du nur das Zauberwort.

Wider Jahresaafang

D Tage länge wider.
Meh weiss niemer.
Bim Füreluege
gseh mir d Richtig,
aber nid, was chunnt.
Drum häb di a der Hoffnig!
Si isch ds Liecht im Chopf
gäg d Fiischteri vor Angscht.